Picture Dictionary

ENGLISH/ HAITIAN CREOLE

More than 350 Essential Words

Dylanna Press

KÒ MWEN

(koh mwen)

My Body

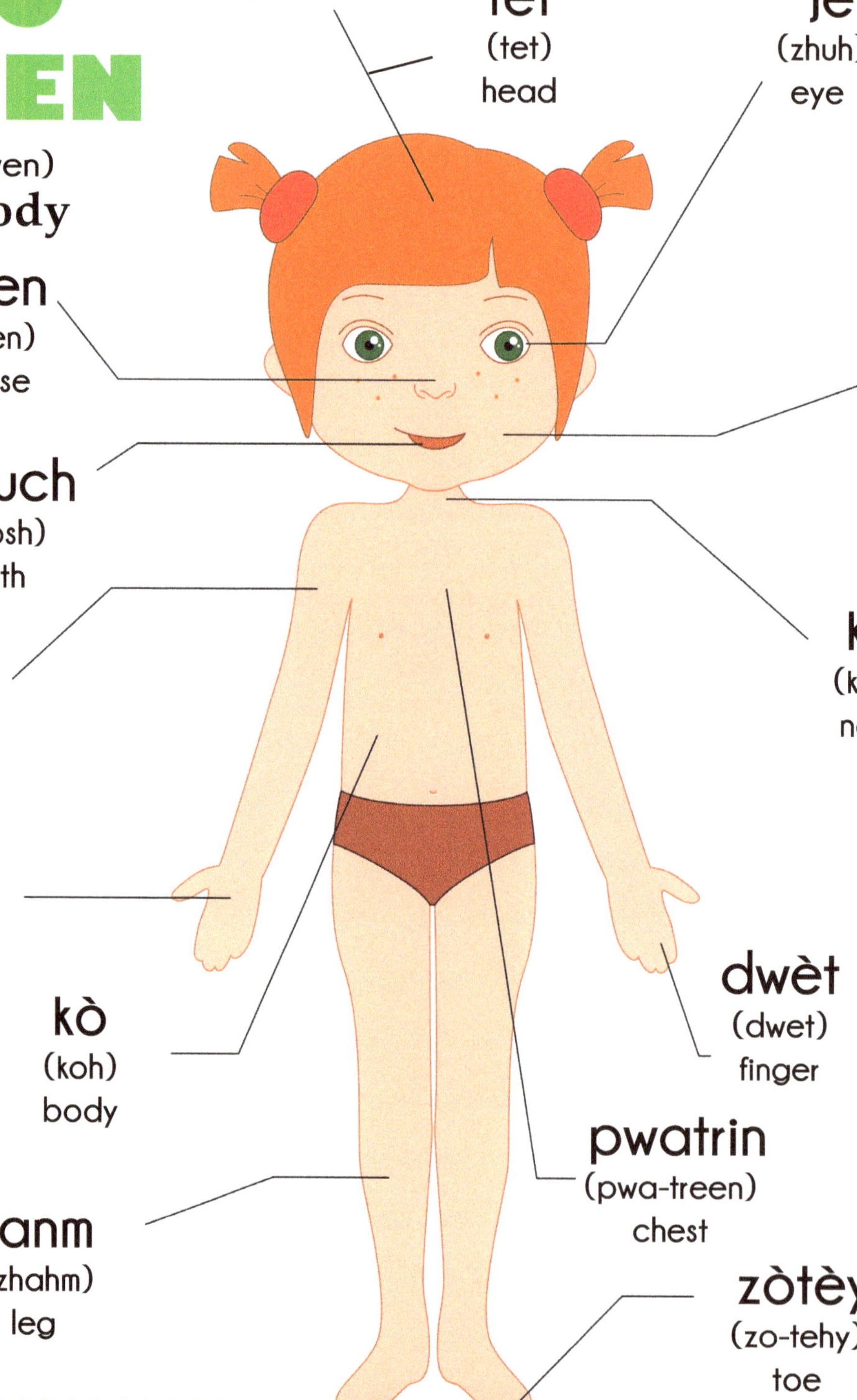

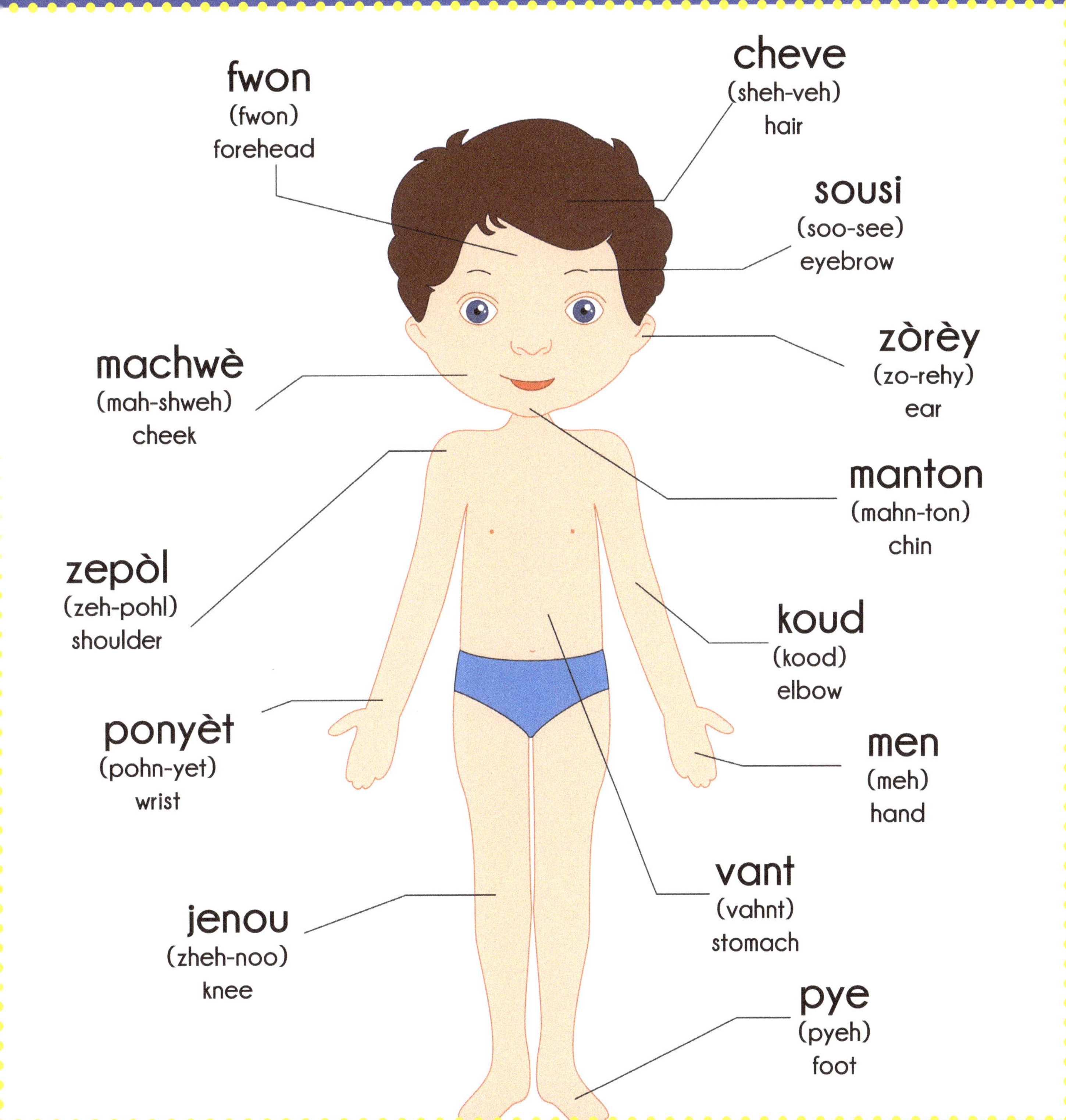
fwon
(fwon)
forehead
cheve
(sheh-veh)
hair
sousi
(soo-see)
eyebrow
zòrèy
(zo-rehy)
ear
machwè
(mah-shweh)
cheek
manton
(mahn-ton)
chin
zepòl
(zeh-pohl)
shoulder
koud
(kood)
elbow
ponyèt
(pohn-yet)
wrist
men
(meh)
hand
vant
(vahnt)
stomach
jenou
(zheh-noo)
knee
pye
(pyeh)
foot

FANMI — FAMILY

(fahn-mee)

KAY MWEN
(kai mwen)

my house

salon
(sah-lohn)

living room

kwizin
(kwee-zeen)

kitchen

chanm
(shahnm)

bedroom

twalèt
(twa-let)

bathroom

eskalye
(es-kah-lyeh)

stairs

fenèt
(feh-net)

window

chemine
(sheh-mee-neh)

fireplace

pòt
(poht)

door

sofa
(soh-fah)

couch

chèz
(shez)

chair

tab
(tahb)

table

lanp
(lahnp)

lamp

televizyon
(teh-leh-vee-zyohn)

television

tiwa
(tee-wah)

dresser

biwo
(bee-woh)

desk

etajè liv
(eh-tah-zheh leev)

bookcase

ban
(bahn)

stool

NAN CHANM LAN

(nahn shahnm lahn)

In the bedroom

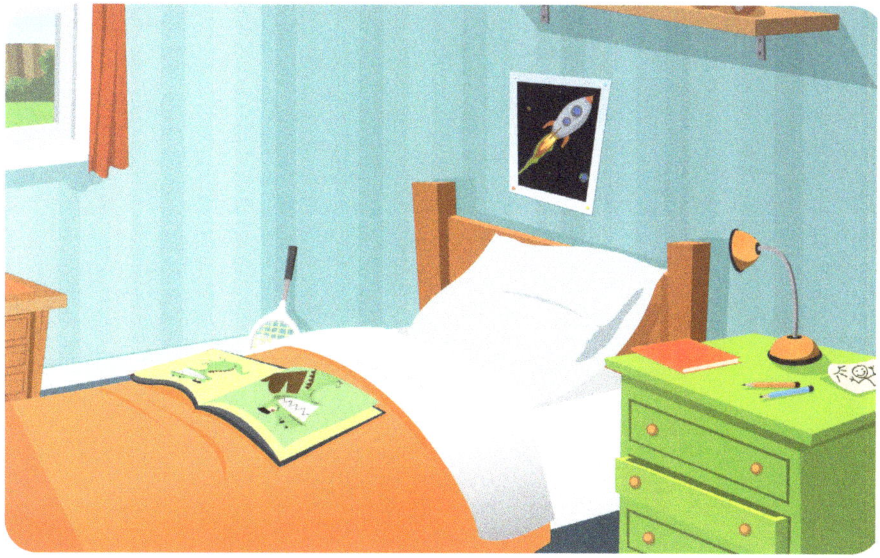

kabann
(kah-bahn)

bed

zòrye
(zo-ryeh)

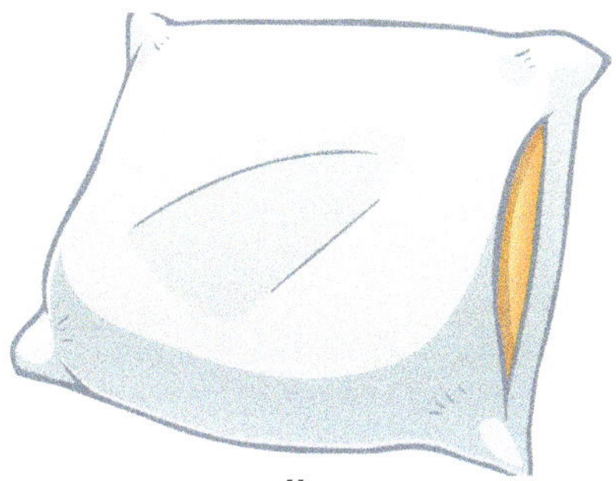

pillow

dra
(drah)

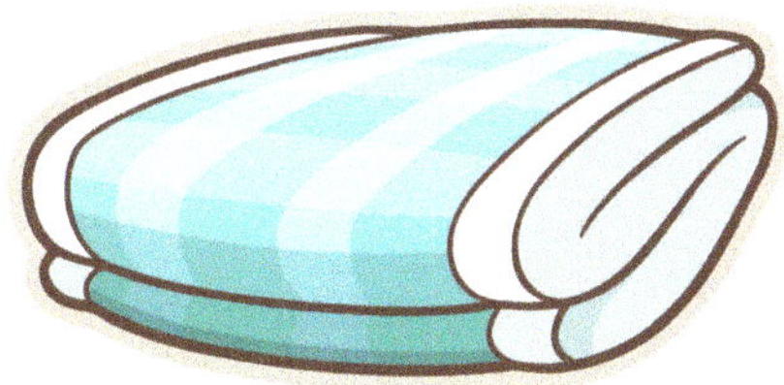

blanket

gadwòb
(gahd-wohb)

wardrobe

revèy
(reh-veh-ee)

clock

glas
(glahs)

mirror

KWIZIN

(kwee-zeen)

kitchen

frijidè

(free-zhee-deh)

refrigerator

recho

(reh-shoh)

stove

bòl

(bohl)

bowl

gode

(goh-deh)

cup

vè

(veh)

glass

planch pou koupe

(plonsh poo koo-peh)

cutting board

kouto

(koo-toh)

knife

fouchèt

(foo-shet)

fork

bouyit
(boo-yeet)

kettle

pwelon
(pweh-lon)

pan

chodyè
shoh-dyeh

pot

asyèt
(ah-syet)

plate

kiyè
(kee-yeh)

spoon

tèyè
(teh-yeh)

teapot

fwèt
(fwet)

whisk

machin pou lave vesèl
(mah-sheen poo lah-veh veh-sel)

dishwasher

mikwo-ond
(meek-woh-ohnd)

microwave

TWALÈT
(twa-let)

bathroom

basen
(bah-sen)

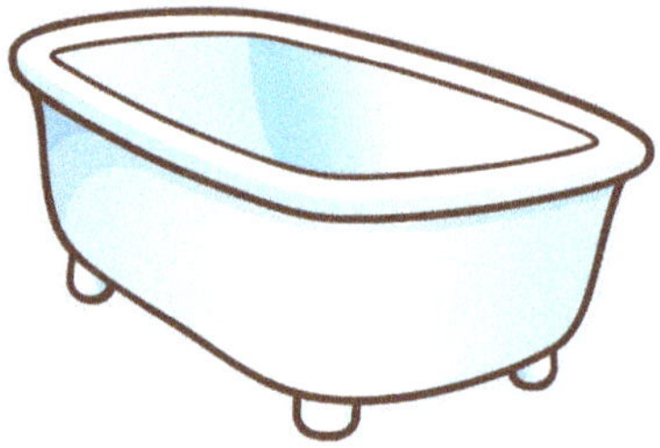

bathtub

savon
(sah-vohn)

soap

bwòs
(bwahs)

brush

kim
(keem)

bubbles

peny
(peh-ny)

comb

wobinè
(woh-bee-neh)

faucet

balans
(bah-lahns)

scale

chanpou
(shahn-poo)

shampoo

douch
(doosh)

shower

lavabo
(lah-vah-boh)

sink

eponj
(eh-ponzh)

sponge

mouchwa
(moosh-wah)

tissue

twalèt
(twa-let)

toilet

bwòs dan
(bwahs dahn)

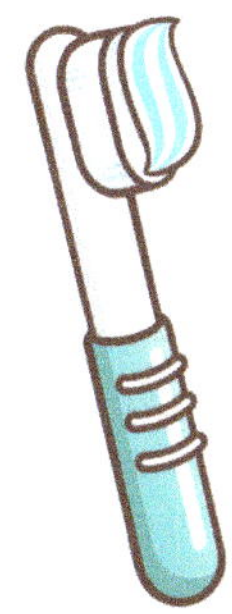

toothbrush

pat dan
(paht dahn)

toothpaste

sèvyèt
(seh-vyet)

towel

papye twalèt
(pah-pyeh twa-let)

toilet paper

RAD MWEN

(rahd mwen)

My Clothes

sentiwon

(sen-tee-won)

belt

mayo ben

(mah-yo ben)

swimsuit

blouz

(bloo-z)

blouse

bòt

(boht)

boots

manto

(mahn-toh)

coat

wòb

(wohb)

dress

gan

(gahn)

gloves

jakèt

(jah-ket)

jacket

chapo

(shah-poh)

hat

jins
(jeens)

jeans

kravate
(krah-vaht)

necktie

pantalon
(pahn-tah-lohn)

pants

salopèt
(sah-lo-pet)

overalls

sak à men
(sahk ah men)

purse

pijama
(pee-zhah-mah)

pajamas

echap
(eh-shap)

scarf

kilòt
(kee-loht)

underwear

soulye
(soo-lyeh)

shoes

jip
(zheep)

skirt

tenis
(teh-nees)

sneakers

chosèt
(choh-set)

socks

linèt solèy
(lee-net soh-lehy)

sunglasses

chanday
(shahn-dai)

sweater

mayo
(mah-yo)

T shirt

kolan
(koh-lahn)

tights

kostim ben
(koh-steem ben)

swim trunks

chanday kapich
(shahn-dai kah-peesh)

sweatshirt

MANJE
(mahn-jeh)

Food

tomat
(toh-mate)

tomato

melon dlo
(meh-lohn dlo)

watermelon

pòm
(pohm)

apple

zoranj
(zoh-rah-nzh)

orange

fig
(feeg)

banana

frèz
(frehz)

strawberries

sitwon
(see-twon)

lemon

pwa frans
(pwah frahnss)

pear

salad
(sah-lahd)

salad

fwomaj
(froh-mahj)

cheese

poul
(pool)

chicken

pwovizyon
(pwoh-vee-zohn)

groceries

penkèk
(pen-kek)

pancakes

sàndwich
(sahn-dweesh)

sandwich

espageti
(es-pah-geh-tee)

spaghetti

pen griye
(pen gree-yeh)

toast

mayi
(mah-yee)

corn

bè
(beh)

butter

diri
(dee-ree)

rice

gato
(gah-toh)

cake

nwa
(nwah)

nuts

ze
(zeh)

egg

pòmdetè
(pohm-deh-teh)

potatoes

pen
(pen)

bread

chip
(ship)

chips

biskwit
(bees-kweet)

cookies

popkòn
(pop-kon)

popcorn

pòm tè fri
(pohm teh free)

french fries

krèm glase
(krem glah-seh)

ice cream

kawòt
(kah-wot)

carrot

pitza
(peet-zah)

pizza

brokoli
(broh-koh-lee)

broccoli

lèt
(let)

milk

zonyon
(zoh-nyohn)

onion

kodenn
(koh-den)

turkey

BÈT

(bet)

Animals

zwazo
(zwah-zoh)

bird

chat
(shaht)

cat

chen
(shen)

dog

kanna
(kah-nah)

duck

elefan
(eh-leh-fahn)

elephant

renar
(reh-nar)

fox

kodenn
(koh-den)

turkey

balèn
(bah-len)

whale

panda
(pahn-dah)

panda

krapo
(krah-poh)

frog

hibou
(ee-boo)

owl

lapen
(lah-pen)

rabbit

kòk
(kok)

rooster

makak
(mah-kahk)

monkey

lyon
(lyon)

lion

elan
(eh-lahn)

moose

ekirèy
(eh-kee-rehy)

squirrel

koulèv
(koo-lehv)

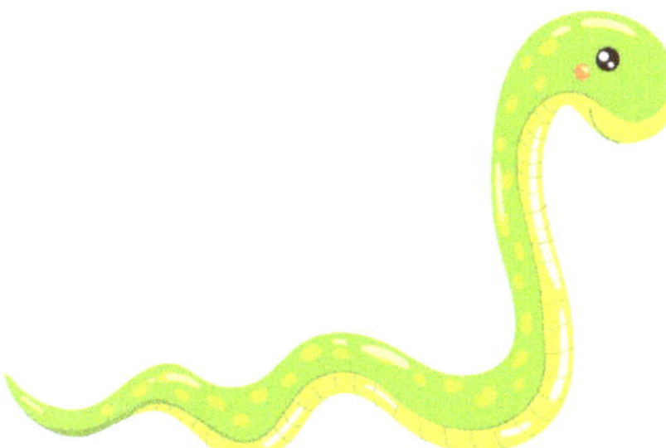

snake

sourit
(soo-reet)

mouse

poul
(pool)

chicken

kwokodil
(kwoh-koh-deel)

alligator

lous
(loos)

bear

kochon
(koh-shohn)

pig

tòti
(toh-tee)

turtle

ipopotam
(ee-poh-poh-tahm)

hippopotamus

jiraf
(zhee-rahf)

giraffe

chamo
(shah-moh)

camel

lou
(loo)

wolf

zèb
(zeb)

zebra

pwason
(pwa-sohn)

fish

bèf
(bef)

cow

mouton
(moo-tohn)

sheep

kabrit
(kah-breet)

goat

chwal
(shwahl)

horse

tig
(teeg)

tiger

kalmason
(kahl-mah-sohn)

snail

pingwen
(peeng-wen)

penguin

goriy
(goh-ree)

gorilla

LEKÒL
(leh-kol)

school

bis lekòl
(bees leh-kol)

school bus

pwofesè
(pwoh-feh-seh)

teacher

kreyon koulè
(kreh-yon koo-leh)

crayons

lakòl
(lah-kohl)

glue

kaye
(kai-yeh)

notebooks

penti
(pen-tee)

paint

kreyon
(kreh-yon)

pencil

glòb
(glob)

globe

sakado
(sah-kah-doh)

backpack

plim
(pleem)

pen

règ
(reg)

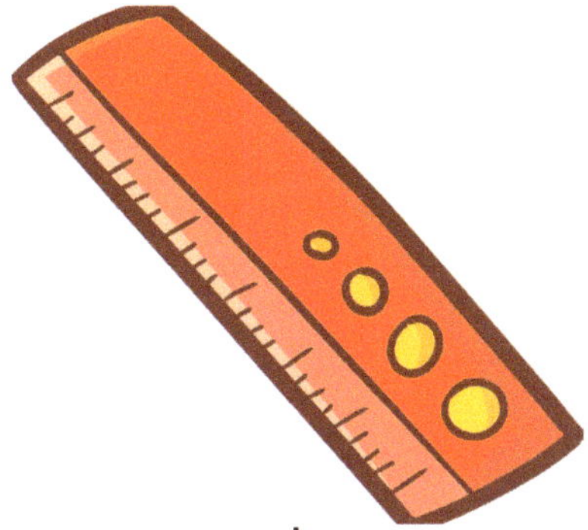

ruler

kalkilatris
(kahl-kee-lah-trees)

calculator

sizo
(see-zoh)

scissors

agrafèz
(ah-grah-fez)

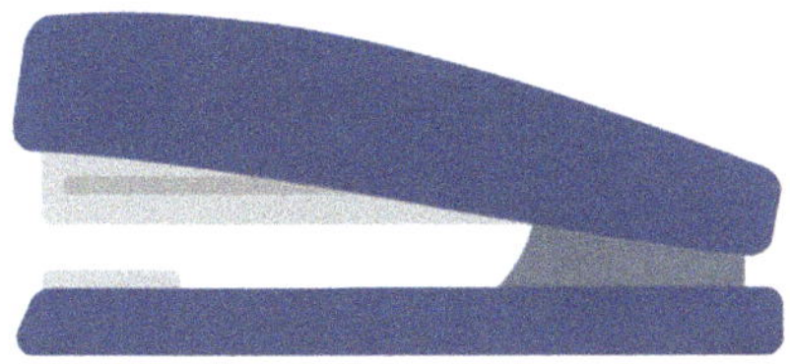

stapler

liv
(leev)

book

biwo
(bee-woh)

desk

elèv
(eh-lehv)

student

TAN

(tahn)

weather

nyaj

(nyahj)

cloud

zeklè

(zeh-kleh)

lightning

lapli

(lah-plee)

rain

nèj

(nehj)

snow

solèy

(soh-lehy)

sun

tònad

(tohr-nahd)

tornado

van

(vahn)

wind

lakansyèl

(lah-kahn-syel)

rainbow

SEZON YO — THE SEASONS

ivè
(ee-veh)

winter

prentan
(pren-tahn)

spring

ete
(eh-teh)

summer

otòn
(oh-ton)

autumn

TRANSPÒ
(trahns-pohr)
transportation

avyon
(ah-vyon)

airplane

anbilans
(ahn-bee-lahns)

ambulance

bisiklèt
(bee-seek-let)

bicycle

bato
(bah-toh)

boat

bis
(bees)

bus

machin
(mah-sheen)

car

kamyon ponpye
(kah-myohn pohm-pyeh)

firetruck

elikoptè
(eh-lee-kop-teh)

helicopter

motosiklèt
(moh-toh-seek-let)

motorcycle

machin lapolis
(mah-sheen lah-poh-lees)

police car

fize
(fee-zeh)

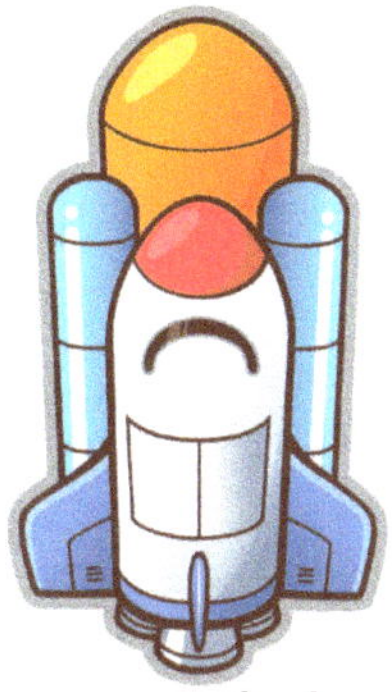

rocket

twotinèt
(twoh-tee-net)

scooter

bato
(bah-toh)

ship

soumaren
(soo-mah-ren)

submarine

traktè
(trak-teh)

tractor

tren
(tren)

train

kamyon
(kah-myohn)

truck

kabwèt
(kah-bwet)

wagon

ESPO — SPORTS
(es-pohr)

gan
(gahn)

glove

bezbòl
(bez-bohl)

baseball

baskètbòl
(bas-ket-bohl)

basketball

planch glisad
(plonsh glee-sahd)

skateboard

rakèt tenis
(rah-ket teh-nees)

tennis racket

sifle
(see-fleh)

whistle

boks
(bohks)

boxing

lapèch
(lah-pesh)

fishing

foutbòl ameriken
(foot-bohl ah-meh-ree-ken)

football

gòlf
(golf)

golf

patinaj
(pah-tee-nazh)

skating

karate
(kah-rah-teh)

karate

foutbòl
(foot-bohl)

soccer

navige
(nah-vee-geh)

sailing

tenis
(teh-nees)

tennis

MO AKSYON
(moh ahk-syon)
Action Words

rale kò
(rah-leh koh)

crawl

monte
(mohn-teh)

climb

kriye
(kree-yeh)

cry

bwè
(bweh)

drink

manje
(mahn-jeh)

eat

sote
(so-teh)

jump

ri
(ree)

laugh

koute
(koo-teh)

listen

li
(lee)

read

kouri
(koo-ree)

run

chita
(shee-tah)

sit

dòmi
(doh-mee)

sleep

kanpe
(kahn-peh)

stand

pale
(pah-leh)

talk

mache
(mah-sheh)

walk

chuchote
(shoo-shoh-teh)

whisper

anbrase
(ahn-brah-seh)

hug

rebondi
(reh-bon-dee)

bounce

EMOSYON — EMOTIONS
(eh-moh-syon)

pè
(peh)

afraid

kirye
(keer-yeh)

curious

tris
(trees)

sad

fache
(fah-sheh)

angry

sezi
(seh-zee)

surprised

kontan
(kohn-tahn)

happy

OPOZE — OPPOSITES

(oh-poh-zeh)

sal
(sahl)

dirty

pwòp
(pwop)

clean

fèmen
(feh-mehn)

closed

louvri
(loo-vree)

open

frèt
(fret)

cold

cho
(shoh)

hot

limyè
(leem-yeh)

light

fènwa
(fehn-wah)

dark

OPOZE — OPPOSITES

vye
(vyeh)

old

jèn
(zhen)

young

lou
(loo)

heavy

lejè
(leh-zheh)

light

fò
(foh)

loud

trankil
trahn-keel)

quiet

anba
(ahn-bah)

anlè
(ahn-leh)

down

up

OPOZE — OPPOSITES

sèk (sek) | mouye (moo-yeh) | mou (moo) | di (dee)

dry | wet | soft | hard

rale (rah-leh) | pouse (poo-seh) | anlè (ahn-leh) | anba (ahn-bah)

pull | push | above | below

SALITASYON — GREETINGS

bonjou
(bohn-zhoo)

hello

orevwa
(oh-reh-vwah)

goodbye

bonjou
(bohn-zhoo)

good morning

bon nwit
(bohn nweet)

good night

wi
(wee)

yes

non
(noh)

no

souple
(soo-pleh)

please

mèsi
(meh-see)

thank you

JOU NAN SEMÈN NAN — DAYS OF THE WEEK

Monday	Lendi	(len-dee)
Tuesday	Madi	(mah-dee)
Wednesday	Mèkredi	(meh-kreh-dee)
Thursday	Jedi	(zheh-dee)
Friday	Vandredi	(vahn-dreh-dee)
Saturday	Samdi	(sahm-dee)
Sunday	Dimanch	(dee-mahnsh)

MWA —MONTHS

Janvye
(zhahn-vyeh)

Fevriye
(fehv-ree-yeh)

Mas
(mahs)

Avril
(ah-vreel)

Me
(meh)

Jen
(zhen)

Jiyè
(zhee-yeh)

Out
(oot)

Septanm
(sep-tahnm)

Oktòb
(ohk-tohb)

Novanm
(noh-vahnm)

Desanm
(deh-sahnm)

FÒM — SHAPES

(fohm)

sèk

(sek)

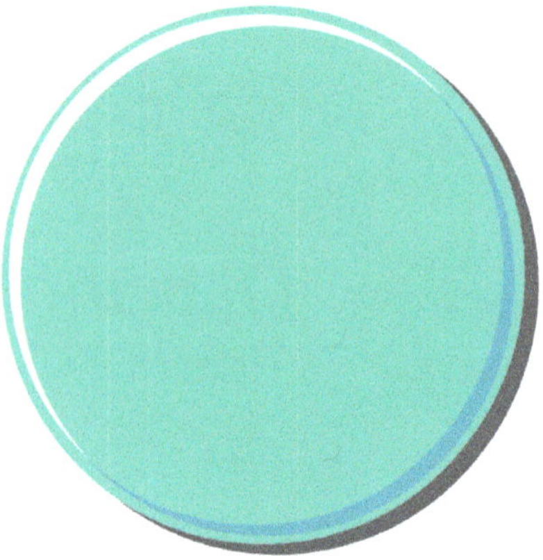

circle

dyaman

(dya-mahn)

diamond

rektang

(rek-tahng)

rectangle

kare

(kah-reh)

square

zetwal

(zeh-twahl)

star

triyang

(tree-yahng)

triangle

KOULÈ — COLORS
(koo-leh)

wouj
(woozh)
red

ble
(bleh)
blue

vèt
(vet)
green

zoranj
(zoh-rah-nzh)
orange

woz
(wohz)
pink

vyolèt
(vyo-let)
purple

jòn
(zhon)
yellow

blan
(blahn)
white

nwa
(nwah)
black

CHIF (sheef) — NUMBERS

youn (yoon)

de (deh)

twa (twah)

kat (kaht)

senk (senk)

sis (sees)

sèt (set)

uit (weet)

nèf (nef)

dis (dees)

ALFABÈ — ALPHABET

(ahl-fah-beh)

A	B	C	D	E	F	G	H	I
a (ah)	be (beh)	se (seh)	de (deh)	e (eh)	èf (ef)	je (zheh)	ach (ahsh)	i (ee)
J	**K**	**L**	**M**	**N**	**O**	**P**	**Q**	**R**
ji (zhee)	ka (kah)	èl (el)	èm (em)	èn (en)	o (oh)	pe (peh)	ku (koo)	èr (er)
S	**T**	**U**	**V**	**W**	**X**	**Y**	**Z**	
ès (es)	te (teh)	u (oo)	ve (veh)	doub ve (doob veh)	iks (eeks)	i grèk (ee-grek)	zèd (zed)	

Haitian Creole-English Word List

anba	below
agrifay	stapler
anba	down
anbilans	ambulance
anlè	up
anlè	above
ap anbrase	hugging
ap dòmi	sleeping
ap koute	listening
ap manje	eating
ap monte	climbing
ap pale	talking
ap patine	skating
ap rale	crawling
Avril	April
avyon	airplane
balans	scale
balèn	whale
ban	stool
basen	bathtub
baskètbòl	basketball
bato	boat
bato	ship
bè	butter
bèf	cow
bèt	animals
bezbòl	baseball
bibliyotèk	library
bis	bus
bis lekòl	schoolbus
bisiklèt	bicycle
biskwit	cookies
biwo	desk
blan	white
ble	blue
blouz	blouse
boks	boxing
bòl	bowl
bon nwit	good night
bonjou	good morning
bonjou	hello
bòt	boots
bouch	mouth
boukliye	kettle
bra	arm
brokoli	broccoli
bwòs	brush
bwòs dan	toothbrush
chamo	camel
chanday	sweater
chanday kapich	sweatshirt
chanm	bedroom
chanpou	shampoo
chapo	hat
chat	cat
chemine	fireplace
chemiz	shirt
chen	dog
cheve	hair
chèz	chair
chif	numbers
chip	chips
chita	sit
cho	hot

Haitian Creole-English Word List

chodyè	pot	**fènwa**	dark
chosèt	socks	**Fevriye**	February
chuchote	whisper	**fig**	banana
chwal	horse	**figi**	face
de	two	**fize**	rocket
Desanm	December	**fò**	loud
di	hard	**fòm**	shapes
Dimanch	Sunday	**fouchèt**	fork
diri	rice	**foutbòl**	soccer
dis	ten	**foutbòl**	football
douch	shower	**frè**	brother
dra	blanket	**frèt**	cold
dwèt	finger	**frèz**	strawberries
dyaman	diamond	**frijidè**	refrigerator
echap	scarf	**fwèt**	whisk
ekirèy	squirrel	**fwomaj**	cheese
elan	moose	**fwon**	forehead
elefan	elephant	**gadwòb**	wardrobe
elèv	student	**gan**	gloves
elikoptè	helicopter	**gato**	cake
emosyon	emotions	**glas**	mirror
eponj	sponge	**glòb**	globe
eskalye	stairs	**gode**	cup
espageti	spaghetti	**gòlf**	golf
espò	sports	**goriy**	gorilla
etajè liv	bookcase	**grann**	grandmother
ete	summer	**granpapa**	grandfather
fache	angry	**hibou**	owl
fanmi	family	**ipopotam**	hippopotamus
fèmen	closed	**ivè**	winter
fenèt	window	**jakèt**	jacket
		janm	leg

Haitian Creole-English Word List

Janvye	January
je	eye
Jedi	Thursday
Jen	June
jèn	young
jenou	knee
jins	jeans
jip	skirt
jiraf	giraffe
Jiyè	July
jòn	yellow
kabann	bed
kabrit	goat
kabwèt	wagon
kalkilatris	calculator
kalmason	snail
kamyon	truck
kamyon ponpye	fire truck
kanna	duck
kanpe	standing
karate	karate
kare	square
kat	four
kawòt	carrot
kay	house
kaye	notebooks
kilòt	underwear
kim	bubbles
kirye	curious
kiyè	spoon
kò	body
kochon	pig
kodenn	turkey
kòk	rooster
kolan	tights
kontan	happy
kostim ben	swim trunks
kou	neck
koud	elbow
koulè	colors
koulèv	snake
kouto	knife
kouzen	cousin (male)
kouzin	cousin (female)
krapo	frog
kravate	necktie
krèm glase	ice cream
kreyon	pencil
kreyon koulè	crayons
kriye	cry
kwizin	kitchen
kwokodil	alligator
lakansyèl	rainbow
lakòl	glue
lanp	lamp
lapèch	fishing
lapen	rabbit
lapli	rain
lavabo	sink
lejè	light (opposite of heavy)
lekòl	school
Lendi	Monday
lèt	milk

Haitian Creole-English Word List

li	read	**mouchwa**	tissue
limyè	light (opposite of dark)	**mouton**	sheep
linèt solèy	sunglasses	**mouye**	wet
liv	book	**navige**	sailing
lou	heavy	**nèf**	nine
lou	wolf	**nèj**	snow
lous	bear	**nen**	nose
louvri	open	**non**	no
lyon	lion	**Novanm**	November
machin	car	**nwa**	black
machin lapolis	police car	**nwa**	nuts
machin pou lave vesèl	dishwasher	**nyaj**	cloud
machwè	cheek	**Oktòb**	October
Madi	Tuesday	**opoze**	opposites
makak	monkey	**orevwa**	goodbye
manje	food	**otòn**	autumn
manman	mother	**Out**	August
manto	coat	**panda**	panda
manton	chin	**pantalon**	pants
Mas	March	**papa**	father
matant	aunt	**papye twalèt**	toilet paper
mayi	corn	**pat dan**	toothpaste
mayo	t-shirt	**pè**	afraid
mayo ben	swimsuit	**pen**	bread
Me	May	**pen griye**	toast
Mèkredi	Wednesday	**penkèk**	pancakes
melon dlo	watermelon	**penti**	paint
men	hand	**peny**	comb
mèsi	thank you	**pijama**	pajamas
mikwo-ond	microwave	**pingwen**	penguin
motosiklèt	motorcycle	**pitza**	pizza
mou	soft		

Haitian Creole-English Word List

plak	plate	**sakado**	backpack
planch glisad	skateboard	**sal**	dirty
planch pou koupe	cutting board	**salad**	salad
plim	pen	**salon**	living room
pòm	apple	**salopèt**	overalls
pòm tè fri	french fries	**Samdi**	Saturday
pòmdetè	potatoes	**sàndwich**	sandwich
ponyèt	wrist	**savon**	soap
popkòn	popcorn	**sè**	sister
pòt	door	**sèk**	circle
poul	chicken	**sèk**	dry
pouse	push	**senk**	five
prentan	spring	**sentiwon**	belt
pwa	pear	**Septanm**	September
pwason	fish	**sèt**	seven
pwatrin	chest	**sèvyèt**	towel
pwèl	pan	**sezi**	surprised
pwofesè	teacher	**sezon**	seasons
pwòp	clean	**sifle**	whistle
pwovizyon	groceries	**sis**	six
pye	foot	**sitwon**	lemon
rad	clothes	**sizo**	scissors
rakèt tenis	tennis racket	**sofa**	couch
rale	pull	**solèy**	sun
recho	stove	**sote**	bounce
règ	ruler	**sote**	jump
rektang	rectangle	**soulye**	shoes
renar	fox	**soumaren**	submarine
revèy	clock	**souple**	please
ri	laugh	**sourit**	mouse
sak à men	purse	**sousi**	eyebrow

Haitian Creole-English Word List

tab	table
tan	weather
televizyon	television
tenis	sneakers
tenis	tennis
tèt	head
tèyè	teapot
tig	tiger
tiwa	dresser
tomat	tomato
tònad	tornado
tonton	uncle
tòti	turtle
traktè	tractor
trankil	quiet
transpò	transportation
tren	train
tris	sad
triyang	triangle
twa	three
twalèt	bathroom
twalèt	toilet
twotinèt	scooter
uit	eight
van	wind
Vandredi	Friday
vant	stomach
vè	glass
vèt	green
vye	old
vyolèt	purple
wi	yes
wòb	dress
wobinè	faucet
wouj	red
woz	pink
youn	one
ze	egg
zèb	zebra
zeklè	lightning
zepòl	shoulder
zetwal	star
zonyon	onion
zoranj	orange (color)
zoranj	orange (fruit)
zòrèy	ear
zòrye	pillow
zòtèy	toe
zwazo	bird

English-Haitian Creole Word List

English	Haitian Creole	English	Haitian Creole
above	anlè	**book**	liv
afraid	pè	**bookcase**	etajè liv
airplane	avyon	**boots**	bòt
alligator	kwokodil	**bounce**	sote
ambulance	anbilans	**bowl**	bòl
angry	fache	**boxing**	boks
animals	bèt	**bread**	pen
apple	pòm	**broccoli**	brokoli
April	Avril	**brother**	frè
arm	bra	**brush**	bwòs
August	Out	**bubbles**	kim
aunt	matant	**bus**	bis
autumn	otòn	**butter**	bè
backpack	sakado	**cake**	gato
banana	fig	**calculator**	kalkilatris
baseball	bezbòl	**camel**	chamo
basketball	baskètbòl	**car**	machin
bathroom	twalèt	**carrot**	kawòt
bathtub	basen	**cat**	chat
bear	lous	**chair**	chèz
bed	kabann	**cheek**	machwè
bedroom	chanm	**cheese**	fwomaj
below	anba	**chest**	pwatrin
belt	sentiwon	**chicken**	poul
bicycle	bisiklèt	**chin**	manton
bird	zwazo	**chips**	chip
black	nwa	**circle**	sèk
blanket	dra	**clean**	pwòp
blouse	blouz	**climbing**	ap monte
blue	ble	**clock**	revèy
boat	bato	**closed**	fèmen
body	kò	**clothes**	rad

English-Haitian Creole Word List

English	Haitian Creole	English	Haitian Creole
cloud	nyaj	**eating**	ap manje
coat	manto	**egg**	ze
cold	frèt	**eight**	uit
colors	koulè	**elbow**	koud
comb	peny	**elephant**	elefan
cookies	biskwit	**emotions**	emosyon
corn	mayi	**eye**	je
couch	sofa	**eyebrow**	sousi
cousin (female)	kouzin	**face**	figi
cousin (male)	kouzen	**family**	fanmi
cow	bèf	**father**	papa
crawling	ap rale	**faucet**	wobinè
crayons	kreyon koulè	**February**	Fevriye
cry	kriye	**finger**	dwèt
cup	gode	**fire truck**	kamyon ponpye
curious	kirye	**fireplace**	chemine
cutting board	planch pou koupe	**fish**	pwason
dark	fènwa	**fishing**	lapèch
December	Desanm	**five**	senk
desk	biwo	**food**	manje
diamond	dyaman	**foot**	pye
dirty	sal	**football**	foutbòl
dishwasher	machin pou lave vesèl	**forehead**	fwon
dog	chen	**fork**	fouchèt
door	pòt	**four**	kat
down	anba	**fox**	renar
dress	wòb	**french fries**	pòm tè fri
dresser	tiwa	**Friday**	Vandredi
dry	sèk	**frog**	krapo
duck	kanna	**giraffe**	jiraf
ear	zòrèy	**glass**	vè

English-Haitian Creole Word List

English	Haitian Creole
globe	glòb
gloves	gan
glue	lakòl
goat	kabrit
golf	gòlf
good morning	bonjou
good night	bon nwit
goodbye	orevwa
gorilla	goriy
grandfather	granpapa
grandmother	grann
green	vèt
groceries	pwovizyon
hair	cheve
hand	men
happy	kontan
hard	di
hat	chapo
head	tèt
heavy	lou
helicopter	elikoptè
hello	bonjou
hippopotamus	ipopotam
horse	chwal
hot	cho
house	kay
hugging	ap anbrase
ice cream	krèm glase
jacket	jakèt
January	Janvye
jeans	jins
July	Jiyè
jump	sote
June	Jen
karate	karate
kettle	boukliye
kitchen	kwizin
knee	jenou
knife	kouto
lamp	lanp
laugh	ri
leg	janm
lemon	sitwon
library	bibliyotèk
light (opposite of dark)	limyè
light (opposite of heavy)	lejè
lightning	zeklè
lion	lyon
listening	ap koute
living room	salon
loud	fò
March	Mas
May	Me
microwave	mikwo-ond
milk	lèt
mirror	glas
Monday	Lendi
monkey	makak
moose	elan
mother	manman
motorcycle	motosiklèt
mouse	sourit

English-Haitian Creole Word List

mouth	bouch	**pink**	woz
neck	kou	**pizza**	pitza
necktie	kravate	**plate**	plak
nine	nèf	**please**	souple
no	non	**police car**	machin lapolis
nose	nen	**popcorn**	popkòn
notebooks	kaye	**pot**	chodyè
November	Novanm	**potatoes**	pòmdetè
numbers	chif	**pull**	rale
nuts	nwa	**purple**	vyolèt
October	Oktòb	**purse**	sak à men
old	vye	**push**	pouse
one	youn	**quiet**	trankil
onion	zonyon	**rabbit**	lapen
open	louvri	**rain**	lapli
opposites	opoze	**rainbow**	lakansyèl
orange (color)	zoranj	**read**	li
orange (fruit)	zoranj	**rectangle**	rektang
overalls	salopèt	**red**	wouj
owl	hibou	**refrigerator**	frijidè
paint	penti	**rice**	diri
pajamas	pijama	**rocket**	fize
pan	pwèl	**rooster**	kòk
pancakes	penkèk	**ruler**	règ
panda	panda	**sad**	tris
pants	pantalon	**sailing**	navige
pear	pwa	**salad**	salad
pen	plim	**sandwich**	sàndwich
pencil	kreyon	**Saturday**	Samdi
penguin	pingwen	**scale**	balans
pig	kochon	**scarf**	echap
pillow	zòrye		

English-Haitian Creole Word List

school	lekòl	**sponge**	eponj
schoolbus	bis lekòl	**spoon**	kiyè
scissors	sizo	**sports**	espò
scooter	twotinèt	**spring**	prentan
seasons	sezon	**square**	kare
September	Septanm	**squirrel**	ekirèy
seven	sèt	**stairs**	eskalye
shampoo	chanpou	**standing**	kanpe
shapes	fòm	**stapler**	agrifay
sheep	mouton	**star**	zetwal
ship	bato	**stomach**	vant
shirt	chemiz	**stool**	ban
shoes	soulye	**stove**	recho
shoulder	zepòl	**strawberries**	frèz
shower	douch	**student**	elèv
sink	lavabo	**submarine**	soumaren
sister	sè	**summer**	ete
sit	chita	**sun**	solèy
six	sis	**Sunday**	Dimanch
skateboard	planch glisad	**sunglasses**	linèt solèy
skating	ap patine	**surprised**	sezi
skirt	jip	**sweater**	chanday
sleeping	ap dòmi	**sweatshirt**	chanday kapich
snail	kalmason	**swim trunks**	kostim ben
snake	koulèv	**swimsuit**	mayo ben
sneakers	tenis	**table**	tab
snow	nèj	**talking**	ap pale
soap	savon	**teacher**	pwofesè
soccer	foutbòl	**teapot**	tèyè
socks	chosèt	**television**	televizyon
soft	mou	**ten**	dis
spaghetti	espageti	**tennis**	tenis

English-Haitian Creole Word List

English	Haitian Creole
tennis racket	rakèt tenis
thank you	mèsi
three	twa
Thursday	Jedi
tiger	tig
tights	kolan
tissue	mouchwa
toast	pen griye
toe	zòtèy
toilet	twalèt
toilet paper	papye twalèt
tomato	tomat
toothbrush	bwòs dan
toothpaste	pat dan
tornado	tònad
towel	sèvyèt
tractor	traktè
train	tren
transportation	transpò
triangle	triyang
truck	kamyon
t-shirt	mayo
Tuesday	Madi
turkey	kodenn
turtle	tòti
two	de
uncle	tonton
underwear	kilòt
up	anlè
wagon	kabwèt
wardrobe	gadwòb
watermelon	melon dlo
weather	tan
Wednesday	Mèkredi
wet	mouye
whale	balèn
whisk	fwèt
whisper	chuchote
whistle	sifle
white	blan
wind	van
window	fenèt
winter	ivè
wolf	lou
wrist	ponyèt
yellow	jòn
yes	wi
young	jèn
zebra	zèb

Editor: Julie Grady

ISBN: 978-1-64790-504-0 (paperback)
ISBN: 978-1-64790-505-7 (hardcover)

www.ingramcontent.com/pod-product-compliance
Ingram Content Group UK Ltd.
Pitfield, Milton Keynes, MK11 3LW, UK
UKHW060119010826
14089UKWH00005B/63

9 781647 905057